令人着迷的中国旅行记

神秘的冰裂纹

SHENMI DE BING LIEWEN

杭州

乔 冰 / 著　智慧鸟 / 绘

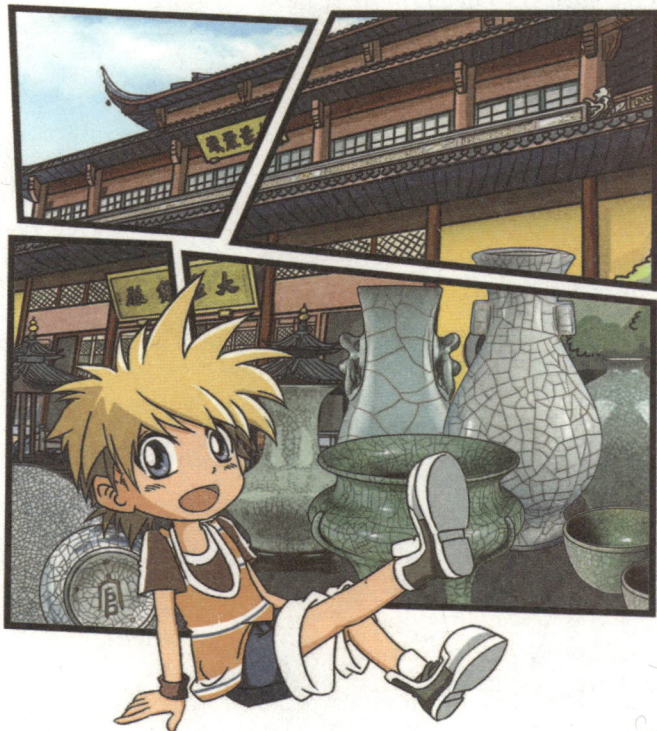

吉林出版集团股份有限公司

全国百佳图书出版单位

图书在版编目（CIP）数据

神秘的冰裂纹：杭州 / 乔冰著；智慧鸟绘. -- 长春 : 吉林出版集团股份有限公司, 2022.9（2024.3重印）
（令人着迷的中国旅行记）
ISBN 978-7-5731-2050-2

Ⅰ.①神… Ⅱ.①乔… ②智… Ⅲ.①杭州—地方史—少儿读物 Ⅳ.①K295.51-49

中国版本图书馆CIP数据核字(2022)第167500号

令人着迷的中国旅行记

SHENMI DE BING LIEWEN HANGZHOU

神秘的冰裂纹——杭州

著　　者：乔 冰
绘　　者：智慧鸟
出版策划：崔文辉
项目策划：范 迪
责任编辑：王 妍
责任校对：徐巧智
出　　版：吉林出版集团股份有限公司（www.jlpg.cn）
　　　　　（长春市福祉大路5788号，邮政编码：130118）
发　　行：吉林出版集团译文图书经营有限公司
　　　　　（http://shop34896900.taobao.com）
电　　话：总编办 0431-81629909　　营销部 0431-81629880 / 81629881
印　　刷：唐山玺鸣印务有限公司
开　　本：720mm×1000mm　1/16
印　　张：8
字　　数：100千字
版　　次：2022年9月第1版
印　　次：2024年3月第2次印刷
书　　号：ISBN 978-7-5731-2050-2
定　　价：29.80元

前言

　　中国传统文化丰富多彩，民俗民风异彩纷呈，它不仅是历史上各种思想文化、观念形态相互碰撞、融会贯通并经过岁月的洗礼遗留下来的文化瑰宝，而且是中华民族几千年文明的结晶。而作为世界非物质文化遗产重要组成部分的中国非物质文化遗产，在历史、文学、艺术、科学等领域具有非同寻常的价值，正越来越受到世界各国政府、学术界及相关民间组织的高度重视。

本系列丛书为弘扬中国辉煌灿烂的传统文化，传承华夏民族的优良传统，从国学经典、书法绘画、民间工艺、民间乐舞、中国戏曲、建筑雕刻、礼节礼仪、民间习俗等多方面入手，全貌展示其神韵与魅力。丛书在参考了大量权威性著作的基础上，择其精要，取其所长，以少儿易于接受的内容独特活泼、情节曲折跌宕、漫画幽默诙谐的编剧形式，主人公通过非同寻常的中国寻宝之旅的故事，轻松带领孩子们打开中国传统文化的大门，领略中华文化丰富而深刻的精神内涵。

人物介绍

茜茜

　　11岁的中国女孩儿，聪明可爱，勤奋好学，家长眼中的乖乖女，在班里担任班长和学习委员。

布卡

　　11岁的中国男孩儿，茜茜的同学，性格叛逆，渴望独立自主，总是有无数新奇的想法。

瑞瑞

　　11岁的中国男孩儿，布卡的同学兼好友，酷爱美食，具备一定的反抗精神，对朋友比较讲义气。

欧蕊

11岁的欧洲女孩儿，乐观坚强，聪明热情，遇事冷静沉着，善于观察，酷爱旅游和音乐，弹得一手好钢琴。

塞西

9岁的欧洲男孩儿，活泼的淘气包，脑子里总是有层出不穷的点子，酷爱网络和游戏，做梦都想变成神探。

机器猫费尔曼

聪慧机智，知识渊博，威严自负，话痨，超级爱臭美；喜欢多管闲事，常常做出让人哭笑不得的闹剧。

华纳博士

43岁的欧洲天才科学家，热爱美食，幽默诙谐，精通电脑，性格古怪。

目 录

目录

第一章

chapter 1

杭罗作坊

 扫码获取
- ☑ 角色头像
- ☑ 阅读延伸
- ☑ 趣味视频

第六个谜语是什么？

冰裂纹，血皇后……

还有一行文字提示——三面云山一面城。

祖先出的谜语越来越刁钻了。

又是冰又是血又是城，这怎么找啊！

"三面云山一面城"指的应该是杭州。

杭州被马可·波罗盛赞为全世界最美丽、华贵的城市。

一家作坊里，人们忙得热火朝天，谁也没有留意到角落里突然出现的光柱。原来，华纳博士等人已迫不及待地穿越到了这里。

这是哪里？

我不介意穿越到作坊，但你为什么不选家黄金作坊？

我们的目的地不是"人间天堂"杭州吗？

这里的确是杭州……是南宋宋光宗年间的一家作坊。

嘚嗒嗒～

嘚嗒嗒～

如果我没有看错的话，她是在织造杭罗！

她是在织布吗？

"东南三宝"？那我可要好好看看！

被称为"东南三宝"之一的杭罗？

以你的智商，看得懂吗？

原来织造杭罗需要手拉脚踏协调配合。

工匠的眼睛全都一眨不眨地盯着织机，根本没人注意我们。

织造时一不留心就会跳丝，造成瑕疵，所以一点儿都马虎不得。

嘚嗒哇～

嘚嗒哇～

那件长裙衣领上的绣花好美，我真想也有一件。

好光滑，好柔软啊！

这么神奇？不如……

那是经纬纱绞合而成的排孔，使杭罗的透气性更佳。

杭罗不仅透气，穿上它还可以避开蚊虫的叮咬。

为什么杭罗上有整齐排列的小孔呢？

来都来了，不如顺手拿几匹杭罗？

大胆狂徒，竟然敢打我苏家作坊的主意！

我们不是小偷！

你难道没从我们的脸上看到诚实和善良吗？

把他们几个绑起来，押去报官！

等一下！父亲，他们不像坏人。如果你能放过他们，我明天就跟你学杭罗织造。

当真？那我权且放过他们。苏风翰，你从明天开始来作坊学艺！

谢谢你！

不如你们住在我家吧，这样就有人陪我一起玩儿啦！

三面云山一面城

风景秀丽的杭州享有"人间天堂"的美誉，是一座充满文化底蕴的历史名城，除了丝绸文化、茶文化，还有很多流传千古的传说。

杭州西湖三面环山，另一面开阔处是杭州市区，构成了"三面云山一面城"的独特景色。著名诗人苏轼曾在这里任知州，用挖取的湖泥堆成横跨南北的长堤（也就是苏堤），上面建有六座石桥，堤边种植桃树和柳树。

杭罗

罗是中国四大丝绸代表品种绫、罗、绸、缎之一。古人生活中必不可少的罗帐、罗帕等，指的就是用罗做成的织品。

罗帐

罗帕

杭罗是用纯桑蚕丝织造而成，每根丝粗细均匀，有横罗和直罗两种，穿着舒适凉快，制作工艺精致细腻，在古代是宫廷御用面料，与江苏的云锦、苏缎并称为"东南三宝"。

宋代杭罗衣衫

杭罗长巾

三大秘法

杭罗之所以能被织造得如此精致细腻，主要有三大秘法。

选丝：杭罗用100%纯桑蚕丝织造，每根丝都粗细均匀。

绞综：通过绞综织造而成，绸面上有规律地排列着纱孔，孔眼儿清晰，质地柔滑。

水织：著名的杭罗水织法是指做纬线的蚕丝，在织造前一直浸泡在秘制的脱胶水中。这样做可以让蚕丝彻底脱掉蚕胶，质地更加稠密、光滑。

选丝

杭罗丝织图

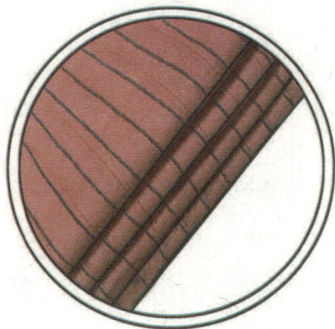

绞综

水织

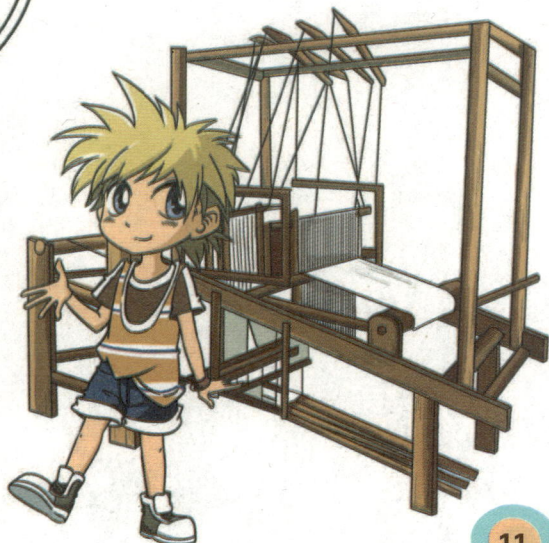

杭罗织造流程

选丝：好的丝做经线，稍差的丝做纬线。

脱胶：放入秘制脱胶水中。

晾干：挂在竹竿上晾干。

翻丝：装上翻丝车绕成筒状。

纤经：用纤经车构成经轴。

摇纡：将另一批丝在摇纡车上构成纬线。

织造：在杭罗机上织造。

精练：把杭罗粗坯脱胶、漂洗。

染色：用草木染色，蓝草染青色，藏红花
　　　染红色……

制衣：缝制成衣。

绣花：绣出想要的图样。

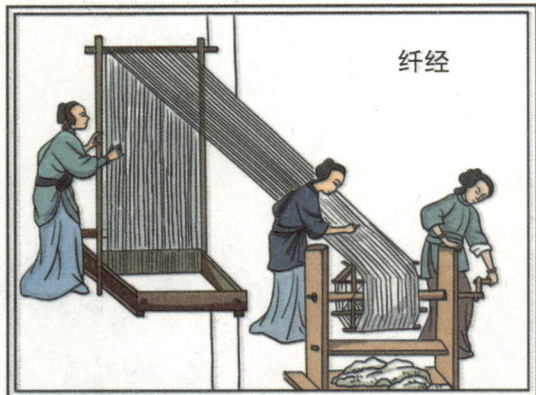

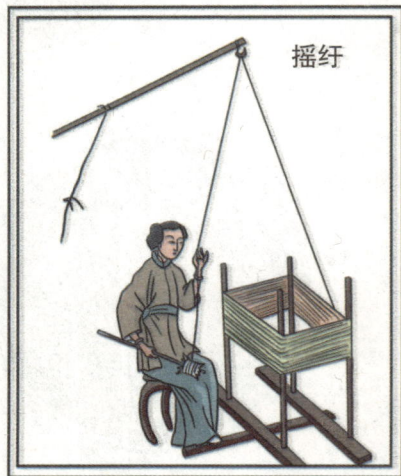

翻丝

纤经

哇，好复杂的工艺！

摇纡

第二章

chapter 2

花朝节

扫码获取

✓ 角色头像
✓ 阅读延伸
✓ 趣味视频

难怪杭州被誉为"人间天堂"！

这里怎么也有高大的宫阙？

南宋时，京都所在地临安就是当今的杭州！

皇帝们把都城搬来搬去，不嫌麻烦吗？

当年宋高宗为了逃避纷飞的战火，特意选择在这里定都。

我家就在这右二厢里住。

右二厢？难道还有左二厢？

其中一厢是城南皇宫，其余八厢分别沿御街而设。

临安城设置成九厢八十坊。

你家的亭台楼榭好雅致！

除了书房，其他地方你们可以随便进出。

处处透着江南的婉约和精致。

苏家书房

分头查查有没有
与冰裂纹、血皇
后有关的东西。

你们不觉得它的
图案很特别吗？

当然特别，南宋的东西
到了现代都是古董。

财迷！我是让你
仔细看图案！

冰裂纹！

有点儿像冬天冰
面上的裂纹……

16

我们都特别爱看书，所以……

偷闯人家的书房怎么还这么大声？

这个书橱是去年花朝节时，我父亲从香积寺用高价买的。

明天就是花朝节，我带你们去那里踏青祈福。

香积寺在哪里？

花朝节

世界上最热爱花儿的国度非中国莫属！

竟然特意给花儿过节！

花丛里有好多人在扑蝴蝶，我们也去吧！

哇，还有卖百花酒和百花糕的！

那些女孩儿怎么给花树系上彩色丝带呢？

把花树打扮得最漂亮的女孩儿，可以夺魁。

那是赏花——把五彩的丝带做礼物献给花神。

香积寺

她们都是养蚕或者丝绸织造的人家，戴着蚕花来这里祈福。

那边烧香的女子头顶上都戴着绸缎做的别致花朵。

苏风翰，那个书橱是从谁手里买的？

这里人山人海的，怎么找啊？

是一位趁花朝节来卖书橱的木匠。

我看到他了！

定都临安背后的故事

1126—1127年，金军攻破东京（今河南开封），俘虏了宋徽宗、宋钦宗父子，这就是历史上著名的靖康之耻。北宋灭亡，宋高宗不顾宋徽宗父子的安危，在南京应天府即位，成为南宋第一位皇帝。

1129年金兵奔袭，软弱的宋高宗狼狈渡江，逃到水网交错、金人的骑兵只能望水兴叹的临安。当时的临安是富庶的东南第一州，具备成为国都的条件。

九厢八十坊

　　由于地形限制，加上仓皇出逃，宋高宗顾不上讲究皇宫"南城北宫"的传统，只能依靠山势、湖泊规划，把皇宫建在临安城北，由南向北分成九厢，每厢都安排一个小吏昼夜巡查，防火防贼。

　　皇宫所在地为宫城厢，其余八厢分别沿御街而设，厢以下再设八十坊。

　　临安城因此拥有了独一无二的帝都布局。

花朝节

　　花朝节是为了纪念百花的生日而设的节日，俗称"花神节"。我国南北气候不同，花期有差别，所以花朝节的日期分为农历二月初二、二月十二或二月十五。

　　花朝节由来已久，春秋时期的《陶朱公书》中对此已有记载，并与中秋节相对应，由此可见人们对花朝节的重视。

　　花朝节期间，几乎全城的百姓出动，人们结伴到郊外游览赏花，称为"踏青"。

赏红

　　古时临安以农历二月十二为百花生日。这一天闺中未婚的女孩儿，会剪五色彩笺系在花树上，谓之赏红，祈祷自己像花儿一样美丽。她们还会身着盛装到花神庙烧香，祭拜花神，祈求花神保佑花木茂盛。

　　花朝节的习俗还有饮酒赋诗、烹茶对吟、品尝花卉做的点心、行花令、挖野菜、扑彩蝶等。

第三章

Chapter 3

神秘的瓷碗

哇，这只一看就厉害！

我的"黑珍珠"咬住你那只的下巴啦！我赢定了！

懂不懂后发制人？

蟋蟀决斗的精彩，不亚于古罗马的角斗士！

这叫斗促织，在民间很受欢迎。

哇，另一只蟋蟀开始反攻了！

这不可能!

我那只看着不起眼儿,却是勇敢好斗的"金铲子"!

给你,我只有这个了!

什么?竟然拿带裂纹的碗抵债?

这个木匠说话吞吞吐吐的,肯定心里有鬼!

真不识货,这可是……

冰裂纹？！

碗上的裂纹似曾相识。

这是南宋官窑瓷器，前不久离奇失踪了。

你认识这只瓷碗？

你刚才叫它什么？

冰裂纹——是官窑瓷器中难得一见的纹片。

官窑

南宋覆灭后官窑被毁，好多工匠也都走了。

顾叔叔向来博学，却不知道冰裂纹？

南宋官窑追求璞玉的效果，制作工艺尤其复杂。

那官窑的配方和烧制工艺也随之失传了。

能让瓷器温润如玉的关键是什么呢？

厚釉低温素烧。

素烧就是把还没上釉的泥胎放进炉里烧制。

素烧？难道还有荤烧？

他是要根据火苗的变化来估测温度。

工匠真不讲卫生，竟然往炉里吐口水。

看看火苗就能估测出温度？太神奇了！

这种经验得靠长年累月的积累才能获得！

何必这么麻烦，用温度计不就得了？

南宋时哪有温度计？你的智商真是不可救药！

果然颜色如玉，古朴典雅。

低温素烧后施三四道釉，经高温成器，才有了这样的光泽。

每件瓷器的纹路都独一无二。

而冰裂纹和鳝血纹是极品。

有人来了，快跑！

官窑

　　官窑是中国古时五大名窑(钧窑、汝窑、官窑、哥窑、定窑)之一。官窑所生产的陶瓷供宫廷专用，烧制的成品稍有瑕疵就会被砸碎或者就地深埋，所以传世稀少。

南宋官窑瓷片

　　而官窑瓷器有两种：一种是由官窑烧制的；另一种是在官窑建立以前，由官方出设计样式，宫廷太监在民窑中监制、督造，从成品中挑选出上品供应给皇家。

南宋官窑

南宋官窑出产的瓷器工艺细致，造型流畅，古雅中透着庄重，代表着中国瓷器的最高水准。

釉色和纹片是南宋官窑的特色。釉面出现纹片原是一种缺陷，南宋工匠却巧妙利用这种缺陷美，形成纵横交错、千变万化的纹片，其中以冰裂纹和鳝血纹为上品。

南宋官窑作品传世甚少，工艺没有史料记载，更增添了它的神秘。

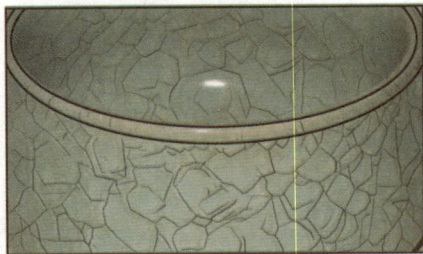

冰裂纹

鳝血纹

聚沫攒珠

想达到颜色温润如玉的效果，必须薄胎厚釉才能实现。而厚釉的缺点，容易出现釉层开裂、断裂，以及滚釉、流釉现象。偏偏南宋官窑的烧制温度又偏低，使得薄胎厚釉更难实现，对工艺的要求近乎苛刻。

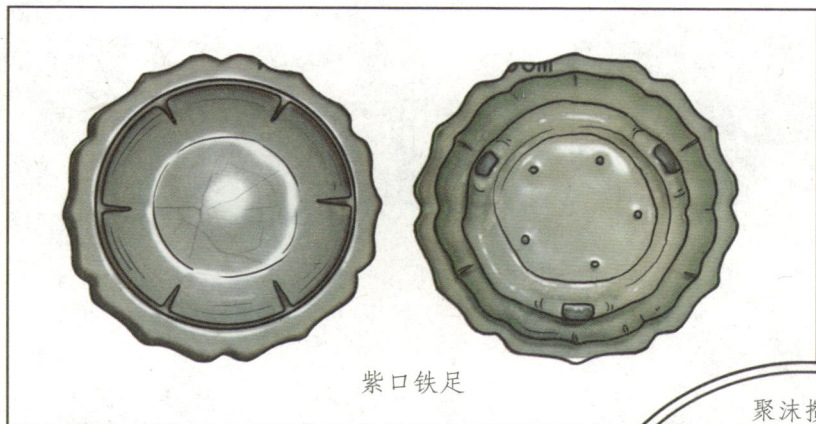

紫口铁足

南宋官窑的口棱部显现胎色，被称为紫口，铁足则是指圈足部分的黑铁色。釉内多有气泡，稍大的为聚沫，像小水珠的称为攒珠。

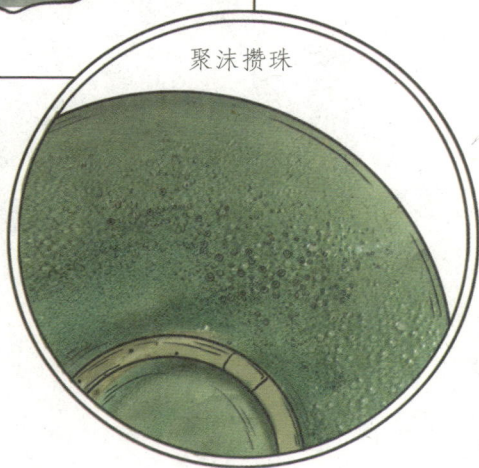

聚沫攒珠

南宋官窑烧制流程

南宋官窑选用的是杭州当地的紫金土，制坯时只用质地均匀、细腻的沉底泥，驱牛转圈将沉底泥踩踏出足够的黏性时，开始拉坯。

1. 采土取样

2. 原料粉碎

3. 淘洗沉泥

4. 踩踏练泥

5. 拉坯成型

6. 上架晾坯

7. 精工修坯

8. 低温素烧

9. 内外施釉

10. 装钵入窑

11. 新瓷出窑

第四章

chapter 4

塔影横空

茜茜小心地在古书上写上"素烧"两个字。

素烧

怎么一点儿反应也没有？

难道我们的答案有误？

难道必须同时解开冰裂纹和血皇后的谜底，才能让地图显现？

我推测这可能是一个双关谜语。

我认识一位见多识广的高僧，或许他知道一些线索。

很有可能……那血皇后到底是什么呢？

西湖

走西湖水路，是到那里最近的路线。

我们为什么非要坐船去啊？我不会游泳……

费尔曼，你不觉得西湖的任何一处，都像绝美的风景画吗？

我们也变成画中人了。

远处青山如黛，长堤垂柳婀娜。

天地氤氲，湖光旖旎，百看不厌。

你也喜欢苏轼的这首诗？

欲把西湖比西子，淡妆浓抹总相宜。

西湖的美引得茜茜同学诗兴大发。

可惜是背诗而不是写诗。

呼船径截鸭头波，岸帻闲登玛瑙坡。

在下不才，正是陆游。

呼船径截鸭头波……这是南宋著名诗人陆游的诗。

为了报答书生许仙的救命之恩，白素贞嫁给了许仙。

有一条修炼千年的蛇仙，化身成美丽的白素贞。

偏偏冒出来个爱管闲事的和尚，说白素贞是蛇仙变的。

许仙半信半疑，骗白素贞喝下雄黄酒，结果白素贞现出了原形。

太精彩了！后来呢？

许仙当场就被吓死了呗！

真是个胆小鬼！

白素贞触犯了天条，被镇压在雷峰塔下。
呜呜，好凄美的爱情故事！
怎么哭成这样？难道你也是蛇仙？
他听得太投入了！
还有漫画。
博士，你小时候难道没看过《白蛇传》的动画片吗？
对没上过一天小学的人，是不会懂这么高深的东西的……
动画片？漫画？那是什么？

西湖

2000多年前，西湖是钱塘江的一部分，泥沙淤积逐渐形成沙嘴，并靠拢毗连在一起成为沙洲，形成了内湖西湖。

西湖面积约6.5平方千米，绕湖一周近15千米，被孤山、白堤、苏堤、杨公堤分隔成五片水域，小瀛洲、湖心亭、阮公墩三个人工小岛鼎立于湖心，雷峰塔与保俶塔隔湖相映，形成了"一山、二塔、三岛、三堤、五湖"的基本格局。

雷峰塔

　　原名皇妃塔，是吴越忠懿（yì）王为庆祝黄妃喜得贵子，在西湖南岸夕照山的雷峰之上建造而成的，人们习惯称之为"雷峰塔"。

　　它与宝石山的保俶塔隔湖相对，在西湖的湖面上双双投下倒影，夕阳西下时塔影横空，景色分外迷人，是杭州著名的景色之一——雷峰夕照。

　　明朝嘉靖年间，塔外部的楼廊被烧毁，塔的基砖被盗，致使雷峰塔后来倒塌。

保俶塔

雷峰夕照

白蛇传

《白蛇传》家喻户晓，是四大民间爱情传说之一，其余三个为《梁山伯与祝英台》《孟姜女》《牛郎织女》。《白蛇传》讲述的是修炼千年、法力高强的蛇仙化身成美丽的白素贞，与救命恩人许仙相识并结为夫妻，却因为和尚法海的干涉而被迫分离的故事。

《白蛇传》表达了当时社会的人们对自由恋爱的向往，对封建势力无理束缚的憎恨。

水漫金山

　　和尚法海怒斥许仙人妖不分，许仙为了一探究竟，在端午节时骗妻子喝下了雄黄酒，许仙被显形的白蛇当场吓死。

　　白素贞不顾一切地冲上天庭，盗取了仙草救活了许仙，法海却囚禁了许仙。为了救出丈夫，愤怒的白素贞同青蛇小青水漫金山寺，却伤及无辜，白素贞被镇压于雷峰塔下。

　　他们的儿子长大后高中状元，将母亲从雷峰塔中救出，久别的一家人终于团聚。

金山寺

第五章

Chapter 5

山寺茶香

什么？天竺山竟然有三座寺庙？！

从这里沿天竺溪而下，依次是上天竺寺、中天竺寺和下天竺寺。

很震撼吧？所以这里被称为佛国圣地和天竺香市。

我们要找的高僧在哪座寺庙呢？

高僧素喜云游，行踪不定。

在天竺山烧香要从最上层的上天竺法喜寺开始，逐步往下。

上天竺法喜讲寺

我们先去哪座寺庙呀？

下天竺寺

难怪被称为香市，一路走来到处都香烟缭绕。

我们已经找遍了上天竺寺和中天竺寺，下天竺寺是最后的希望了。

陆施主，又来找高僧谈经论道？

今日骚扰另有他事……请问高僧现在何处？

高僧打算遍游众寺，多则数月方归。

灵隐寺

我快渴成木乃伊了。

施主们稍事休息，我去取些山泉水烹茶。

诗人，你说的那位高僧到底在哪里啊？

哪有那么容易？临安遍地都是寺庙。

我们一个个寺庙寻找，很快会有眉目的。

说不定我们到了的时候，高僧已经去下一个寺庙了！

天哪，那我们什么时候能找完？

哇，好香！

这是被奉为百茶之首的龙井茶，快来尝尝。

这茶叶的嫩芽宛如在水中绽放。

茶汤碧绿，茶香浓郁……哇，西湖龙井！

唇齿留香，回味无穷。

龙井茶要慢品，哪有你这么喝的？

这龙井茶果然是色绿、香郁、味甘、形美。

难怪清代的乾隆皇帝赞不绝口！

太好喝了！这么好的茶是怎么做出来的？

采摘和炒制技艺，对茶品至关重要。

能否请您详细讲讲？

我向来都勤奋好学！

第一次看到你如此好学。

龙井村送茶来的茶农正在后院炒茶，施主请跟我来。

抖、推、磨……原来炒茶竟然有这么多种手法。

要想炒出顶级茶叶，火力大小和锅的温度至关重要。

住持先生，我还要来一杯——不，来一壶！

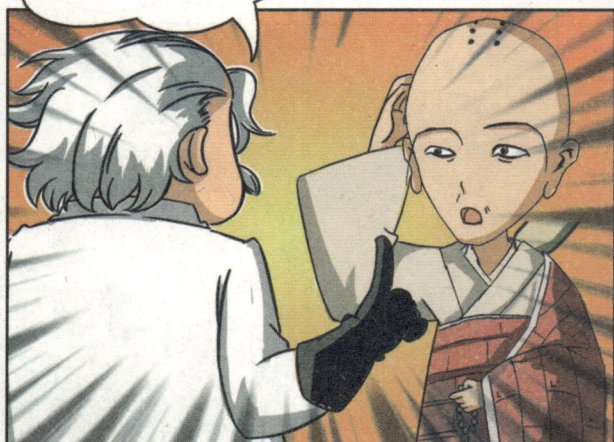

东南佛国

　　杭州佛事从五代十国时期的吴越国开始兴盛。以杭州为中心的吴越国地处中国东南，因为佛教盛行，宝刹众多，有"东南佛国"的美誉。

　　到南宋时杭州佛事更盛，秀丽的山水间佛刹遍布，以天竺三寺、灵隐寺为中心的北山寺庙群和以南屏寺、净慈寺为中心的南山寺庙群遥遥相对。而建于东晋的灵隐寺至今已有近1700年，是杭州最早的名刹。

法喜寺

净慈寺

西湖龙井的采摘

　　茶叶的采摘时间与品质关系密切，早采三天是宝，迟采三天是草。清明前采制的茶叶称为"明前茶"，清明之后谷雨之前采制的茶叶则称为"雨前茶"。西湖龙井按采摘嫩度的不同，分为莲心、雀舌、旗枪。

　　采茶看似容易，其实大有学问，需要双手快速交错，眼睛和脚配合默契，边移动边采摘。要自下而上交替采摘，还要根据茶丛的高度蹲、立交替采摘。

炒茶绝技

　　西湖龙井的品质，除了得天独厚的自然条件造就，独特而精湛的炒制技艺更是功不可没。一斤龙井茶由3.6万颗幼嫩芽叶组成，俗语形容其是靠一颗一颗摸出来的，炒制时不仅要掌控不同时候的火力和锅温，还要根据鲜叶的嫩度和锅温，凭经验随机应变，灵活运用十大手法：抓、抖、搭（透）、拓（抹）、捺、推、扣、甩、磨、压。

炒茶工序

西湖龙井的炒制要经过八道工序：

1. 鲜叶摊放：将刚采的茶叶摊放在阴凉处；

2. 炒青：放入锅中用手炒干；

3. 回潮：阴凉处自然回潮；

4. 回锅：回潮后的茶叶倒入锅中，用手炒干、磨亮；

5. 干茶分筛：用筛子筛选均匀；

6. 挺长头：把筛出的大一点儿的茶叶再一次放入锅中，将其挺直；

7. 归堆：把成品放入布袋；

8. 收灰：将成品茶收藏于缸中，用石灰做干燥剂。

摊放

炒青

回潮

分筛

第六章

东坡肉

扫码获取

角色头像
阅读延伸
趣味视频

龙井村今天要运送新茶进宫，我先告辞了。
住持，高僧近日是否来过贵寺？
他奉诏入宫讲禅论道去了。
不如我们跟着茶农一起，混进皇宫里看看？
糟糕，我答应父亲从今天开始去杭罗作坊学艺的！
你先回去，稍后我们去苏家找你。

凤凰山的宫殿

眼前的宫殿巍峨壮观，尽显帝王之气。

这凤凰山真的很像神话传说中的凤凰。

只可惜这恢宏的宫殿后来毁于一旦，只剩下乱石密林。

你们看那块岩石，顶部有一个天然的圆孔。

月岩？难道是赏月的地方？

不远处还有个得月池。

三潭印月和平湖秋色不是临安城最美的月色吗？

想想都很美！皇帝可真会享受！

到了晚上，明月透过石孔将月光洒在得月池上……

对帝王来说，那两处的月色无法与这里相媲美。

不好，我们被侍卫发现了……快跑啊！

我好像听到后面有声音……

没找到高僧，还差点儿被侍卫抓到！

我又累又饿，实在走不动了。

临安既然是都城，一定汇集了南北名厨。

诗人，有没有美食推荐？

临安城最让人回味无穷的，莫过于杭帮菜。

那是江南第一名坊清河坊，里面有很多百年老字号。

那边商铺林立，应该有美食。

不对，东坡肉是大诗人亲手创造的菜式！

百姓们抬着猪肉和酒，前来慰劳苏知州。

苏轼在杭州做知州时曾疏通西湖，深得百姓爱戴。

盛情难却的苏轼把猪肉切成方块，用黄酒烹饪。

百姓们一起分食煮好的美食，只觉肥而不腻，满口留香。

太白遗风

东坡肉

东坡肉从此成了一道名菜。

我想学会西湖醋鱼的烹饪绝技！

我想知道这东坡肉是怎么做的？我学会了就可以天天吃了！

博士，你在吃上可真有天赋，这道菜的别称就叫"赛蟹羹"。

这宋嫂鱼羹爽滑可口，比螃蟹肉还好吃！

杭帮菜的每道名菜都有历史渊源，宋嫂鱼羹与宋高宗有关。

杭帮菜

　　杭帮菜又名迷宗菜，是船菜的代表。江南水乡杭州气候温和，鱼、虾等食材丰富，烹饪时注重突出食材纯美的口感，保持原汁原味，既不像苏州菜那么甜，也不像上海菜那么浓重，口味清淡平和，造型清爽别致。

　　杭帮菜最鼎盛的时期可以追溯到南宋。当时繁华的都城临安汇聚了来自全国各地的名厨，使杭帮菜融合了南北各地菜肴的精华。

名菜背后的故事

杭帮菜的名菜有东坡肉、西湖醋鱼、宋嫂鱼羹等，每道菜的背后都有一个动听的故事。

以宋嫂鱼羹为例：

宋高宗常在西湖游玩，有一天特别想吃鲈鱼。宋嫂用鲜鲈鱼肉做食材，羹里面加上火腿丝、笋丝、香菇丝，做出的鱼羹比蟹羹更爽滑。宋高宗大喜，赏赐了宋嫂不少纹银。官员和富贾纷纷慕名前来品尝，宋家很快腰缠万贯，而宋嫂鱼羹也变成了杭州名菜。

宋嫂鱼羹

天下酒宴之盛

宋代大文豪苏轼对杭帮菜不吝赞美，不仅有"闻香下马"的典故，而且盛赞"天下酒宴之盛，未有如杭城也"。

杭帮菜分为"湖上""城厢"两个分支。"湖上"顾名思义，是以鱼、虾为主要原料，用生炒、清炖、嫩熘等技法烹制，口味清、鲜、脆、嫩；"城厢"用料以肉类为主，烹饪方法主要有蒸、烩、氽等，口味清淡、鲜嫩，注重鲜咸合一。

湖上

城厢

西湖醋鱼

杭帮菜烹饪技艺考究，以西湖醋鱼为例：

1. 选材饿养：选鲜活的西湖鲩鱼，放在鱼笼里饿养两天，去除河鱼的泥土气。

2. 雌雄两爿（pán）：把鱼劈成雌雄两爿（雄爿连背脊，另一边为雌爿），每隔4.5厘米斜片一刀，刀深5厘米，不损伤鱼皮。

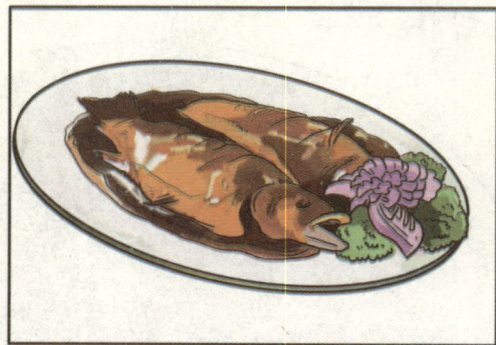

3. 烹制：火候要求很高，在三四分钟内烧好，然后浇上一层糖醋汁，使鱼胸鳍竖起，菜品更美观，口感更丰富。

第七章

chapter 7

惊心动魄的**高空**表演

你们怎么在这里？不是去皇宫找高僧了吗？

我们连高僧的影子都没看见！

皇帝要来查看运河，说不定高僧也会一起来。

一言难尽……你找我们做什么？

我陪父亲把杭罗运到码头时听到的。

你怎么会知道这些？

码头

临安城的茶叶、丝绸、稻米，都通过这条运河运往外地。

码头上好多人在搬运货物，河道上船只密集。

水运的便利，让临安从一个小郡县发展成了大都会。

虽然那个家伙臭名昭著，但开凿运河这个决定太英明了！

大运河是隋炀帝下令开凿的吧？

翻九楼表演

那桌子摇摇晃晃的，表演者随时可能掉下来。

专业动作，可不能随意模仿。

要是万一失手，他岂不是要摔得粉身碎骨？！

我的小心脏快承受不住了！

翻九楼表演的魅力就在于此！

你知道这位孙先生吗？

去年久旱不雨，孙先生为了祈雨翻九楼，当场就电闪雷鸣。

祈雨时我也在场，当时所有人都惊呆了。

这位孙先生应该会判断气象，特意选了要下雨的时候翻九楼。

真的有人能呼风唤雨？

那边高台上坐着的就是皇帝，我去看看高僧有没有一起来。

茜茜，我们一起去吧……咦？

我最后看到她，好像是翻九楼表演刚开始的时候。

茜茜从来不到处乱跑，她会去哪里呢？

古书刚才放在茜茜的身上，难道……

我有种不祥的预感。

京杭大运河

京杭大运河是世界历史上最长的古运河，长度是苏伊士运河的16倍。它北起北京，南至杭州，巧妙利用原有的河流和湖泊，部分河段人工开挖而成，流经河北、山东、江苏和浙江四个省，贯通了黄河、淮河、长江等五大水系，是古代劳动人民的伟大创举。

大运河从春秋时开始挖掘，到隋朝隋炀帝时，动用了两百万人贯通而成。

翻九楼

翻九楼又称吊九楼。

表演翻九楼所用的道具很简单：四根杉木柱、两张叠桌、固定用的绳索、九张八仙桌（寓意是"九重天"）。

表演时，表演者用四根木柱接成两根十米长的柱子，在平坦的地面上固定，然后把九张八仙桌依次叠上去，用绳子固定在木柱上。在九张八仙桌顶端，桌脚叠加放两张小桌作舞台。

没有任何防护措施的高空表演

喇叭、唢呐活跃气氛后，翻九楼的表演便正式开始了。没有任何防护措施的表演者站在桌子上，用绳索将下面的桌子拉起来，往上叠放在自己所站的桌子上。两张桌子必须对齐，严丝合缝，否则就随时可能倾倒。

一张八仙桌的重量是20千克左右，全靠表演者的腰和手臂的力量往上拉。

惊险异常

翻九楼的动作惊险异常。每叠好一张八仙桌，表演者就缩成一团，用手扶住上一张桌边的横梁，腿向上伸到上一层桌子上，往上翻跟斗，一层层地叠桌子，一层层地往上翻跟斗，难度越来越大，直到翻到第九层。

这还没有结束。表演者接下来会站到前文提到的顶端桌脚叠加的两张小桌子上，表演"金鸡独立""荡秋千"等高难度动作。

第八章
chapter 8

相国井

大家焦急地在临安城的小巷里四处寻找着茜茜。

根据目击者的描述，挟持茜茜的人一定是霍曼！

苏风翰也和我们走散了。

临安城这么多巷子，霍曼会把茜茜藏在哪里？

临安城

这里怎么有一口井？

那是相国井，是临安城的骄傲。

一口井而已，有什么特别的吗？

以前临安的地下水苦涩难饮，百姓只能去西湖取水。

所以饮水难成了临安城的难题。

那距离西湖远的人家怎么办？

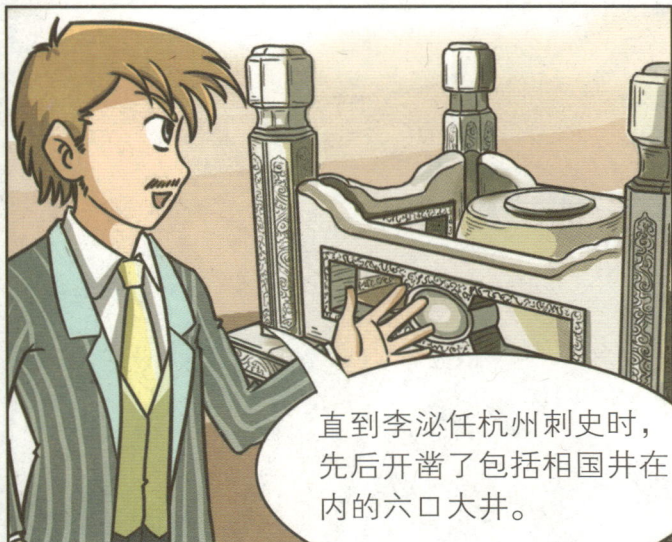

诗人刚才不是说地下水苦涩难饮吗？井水也是地下水啊！

直到李泌任杭州刺史时，先后开凿了包括相国井在内的六口大井。

这六口井最与众不同的地方，正在于此。

它们是引西湖水入井的，所以水甘甜清冽。

喝足了好继续寻找茜茜和古书的下落。

这水好甜！姐姐，你也喝点儿吧！

这香味儿好熟悉……我知道怎么找到茜茜了！

我确定！那香水是我送给茜茜的，南宋只此一瓶。

姐姐，你确定香味儿是从茜茜身上散发出来的？

幸亏我提炼出了这瓶香水，味道持续不散。

我们从临安城追出几十米了吧？

我已经累得不行了！

香味儿到这里消失了。

还像巨大的夜明珠在空中闪烁！

你们看那边飞舞的灯球，像不像蜿蜒的游龙？

看那边那位，把竹灯舞得像飞火流星！

于是人们用篾竹编制圆球，震慑海盗。

这里商业发达，沿海的匪寇经常来犯。

他好像浑身都长了眼睛。

无论灯球怎么旋转，他都能分毫不差地接住。

滚灯表演

我最喜欢那招儿"金猴戏桃"，滚灯能绕着身体上、下、左、右旋转。

我眼前全是灯影，看不清舞灯人啦！

他们的双手怎么能交替得这么快？

这哪里是滚灯，分明是中国武术！

灯球里用铁钎插着蜡烛，所以怎么压滚都没事。

这些滚灯有多重？

好神奇，竹球无论怎么抛转，里面的烛火都不熄灭。

滚灯分大、中、小三种，大的高达1米，重50余千克。

他们能单手把灯球举过头顶，岂不个个都是大力士？

我又闻到香味儿……霍曼！茜茜！

相国井

古时杭州城地下水咸苦难饮，做饭、煮茶只能到西湖取水，百姓叫苦连天。

唐德宗时期，新任杭州刺史李泌修筑暗渠，在西湖湖底挖入水口，砌上砖石，外面用木桩做护栏，蓄积水质甘甜的西湖水做水源，并设水闸方便随时开闭。李泌随后又在城区人口密集的地方，开凿了相国井、西井、金牛井、方井、白龟井、小方井六口大井。

竹管引水

这六口井与普通水井截然不同，它们由入水口、地下沟管和出水口三部分组成，在西湖的入水口与出水口之间开挖深沟，沟里铺设竹管，使入水口与出水口相连，成功引湖水入井。这种饮水方法不仅水量多，而且能保证水质。

从此杭州城吃水难的问题成为历史，城里百姓感恩戴德，把后来官拜宰相的李泌下令挖掘的井称为相国井。

为抵御海盗而生的艺术

余杭滚灯融合了体育和舞蹈双重元素，既有体育竞技的刚劲，又有江南舞蹈的俏丽，是民间艺术的一朵奇葩。

余杭紧靠钱塘江，一方面水患不断，另一方面盐业兴旺，不断遭到海盗侵犯。聪慧的古代劳动人民编织竹笼，里面填上石块，堆在岸边抗洪，后来又用竹笼做成滚灯，用来强身健体，抵御海盗。

余杭滚灯

滚灯用较厚的毛竹片编织而成，尺寸分大、中、小三种。球心装一个竹编的球型小灯，里面点上蜡烛。滚灯的球心分红、黑两种，红心球称文灯，黑心球称武灯。

余杭滚灯表演时要按照一定顺序进行，传统动作有"金猴戏球""旭日东升""鹧鸪冲天"等，一般用"荷花争放"结尾。

丝竹乐师的**推断**

循着香味儿，大家发现了霍曼和茜茜。

茜茜，你没事吧？

我没事……能再见到你们实在太好了！

小学上了十八年的混蛋，脸皮真够厚的！

霍曼，你这个强盗加无赖！

承蒙夸奖，我还需要继续努力！

啊！

翻滚的众人好不容易才稳住身体，发现眼前的景色已经变了。

我们这是在哪儿？陆游和古书都不见了。

这里是积善坊……原来我们到了百戏伎艺聚集的地方。

积善坊

准确来说，是明代的积善坊。

霍曼那个混蛋也不知所终。

这里好热闹。

说书唱曲的，表演杂技的，真是精彩纷呈。

你们有没有听到一阵婉转清澈的乐声?

江南丝竹表演

这是江南丝竹，处处透着江南音乐的灵动和韵味。

这轻盈而悠扬的曲调能净化心灵。

当然是我们的，那个贼眉鼠眼的家伙一看就不是什么好人！

以貌取人，肤浅！更何况我长得英俊潇洒！

他虽然不懂欣赏音乐，也不能由此判断他就是坏人。

实在抱歉，我们一时间难辨真伪。

你们怎么是非不分呢？

搞艺术的人通常性格质朴，不像我有火眼金睛。

我能从丝竹声中，感受到江南人的合作精神。

何以见得？

刚才是七人合奏，每种个性鲜明的乐器，却能和谐地交融在一起。

这是什么逻辑？

乐声如人，而能听懂音乐的人，绝对值得信任！

想不到你小小年纪，竟然有如此造诣。

积善坊

　　古代艺人喜欢聚集在一起居住，临安城里的积善坊就是当时百戏伎艺们最喜欢的栖身之地，众多民间艺人聚集于此，所以这里又被称为"上百戏巷"。茶坊酒肆里说书唱曲的、鼓乐吹弹的，巷子里露天画地献技的，还有在帐幕围起来的戏台上表演的众多艺人，各显其能轮流登场。节庆时的演出更是新奇，极大丰富了城中百姓的生活。

丝竹

　　"丝"是指用丝做弦的弦乐器，比如人们耳熟能详的二胡、琵琶；"竹"是形容用竹子做的管乐器，如笛子、箫等。

　　演奏"丝"时注重手指力度的变化，采用透音、勾音等各种技法，使得奏出的曲调细腻而不失明快。

　　而演奏"竹"时很注重气息的运用，高音悠扬，低音婉转，音色醇厚，经常采用震音、颤音等技巧，使得旋律更富有变化。

江南丝竹

"丝"和"竹"乐器珠联璧合，表演时少则二三人，多则七八人，每件乐器都特色鲜明，又能和其他乐器和谐呼应，你繁我简，你高我低，甚至可以由乐师凭借自己高超的技艺，来即兴发挥。

合奏时一般会突出主乐器二胡和笛子，而其他乐器则相互烘托和对比，成就了江南丝竹精细而又独特的韵味。

板式变化

　　板式变化是江南丝竹最有特点的手法，它以一个曲牌为母曲，以放慢、加花等手法，发展成几首独立的乐曲。

　　放慢是将母曲的音调节奏成倍加以扩充，比如将一拍放慢为两拍或四拍。加花是在放慢的节奏上，增添几个与母音的主音相邻的音，以丰富旋律。

　　这些手法使得江南丝竹的曲调清新抒情，赋予它浓郁的江南气息。

第十章

Chapter 10

为石痴狂

啊！

终于装不下去了，露出了强盗本色！

别得意，古书迟早会落入我的手里！

赶紧离开，越远越好！

这样一来，别有用心的人就无计可施了。

我建议你们刻个方印石，在书上印上属于自己独一无二的印章。

这里就是为我雕刻印石的安家。

看到地上大小不等的鸡血石了吗？

难怪叫鸡血石，颜色真像凝结的鸡血！

太不可思议了，石头里竟然会有血色！

而且经过多年的风吹日晒，颜色仍然鲜活如初。

雕刻鸡血石

小小的刻刀在安师傅的手中仿佛有了灵性。

有吗？他东一刀西一刀的，看起来毫无章法。

石料能雕刻出什么形状，雕刻师早就胸有成竹了。

我也看得莫名其妙，他到底想雕什么呀？

鸡血石中的"血"很名贵，雕刻时必须最大限度地保留下来。

那雕刻起来岂不是很受限制？

所以鸡血石雕成了一个独特的流派。

名将战马的造型，在鲜红血色的烘托下呼之欲出！

哇，雕刻师把无血的白色部分雕刻成了威风凛凛的战马！

而黄色部分则是一位勇猛的大将。

印石皇后

浙江临安昌化有个大峡谷，峡谷旁是险峻的玉岩山。高山峡谷形成了独特的气候，山层中的辰砂与地开石、叶蜡石、高岭石等矿物融合，经过亿万年的地质变化，形成了鲜艳如鸡血、剔透如美玉的鸡血石。它就是获得"印石皇后"美誉的昌化鸡血石。

昌化鸡血石原石

昌化鸡血石大红袍印章

石头中的红色部分称为"血"，是辰砂集合体；红色以外的部分称为"地"，可呈多种颜色。

色彩最丰富的宝石

在自然界200多种石矿中，色彩最丰富的莫过于昌化鸡血石了。它细腻、温润，色泽丰富、娇艳，千变万化。

目前在世界其他国家都没有发现此类矿产，珍贵的鸡血石是中国独有的资源，是中国六大国石之一。

在明朝时，昌化鸡血石雕已经备受青睐。清朝的康熙 、雍正、乾隆 、嘉庆等历代帝王，都选昌化鸡血石雕刻玉玺。

因色取巧

　　鸡血石雕历史悠久，技艺以昌化最为高超，形成了被称为"国粹"的鸡血石雕流派。

　　昌化鸡血石雕"因色取巧"，比如红、黑、白色交织的鸡血石，可以雕成桃园三结义，红色凸显关羽，黑色表达张飞，白色非刘备莫属。

刘关张印章

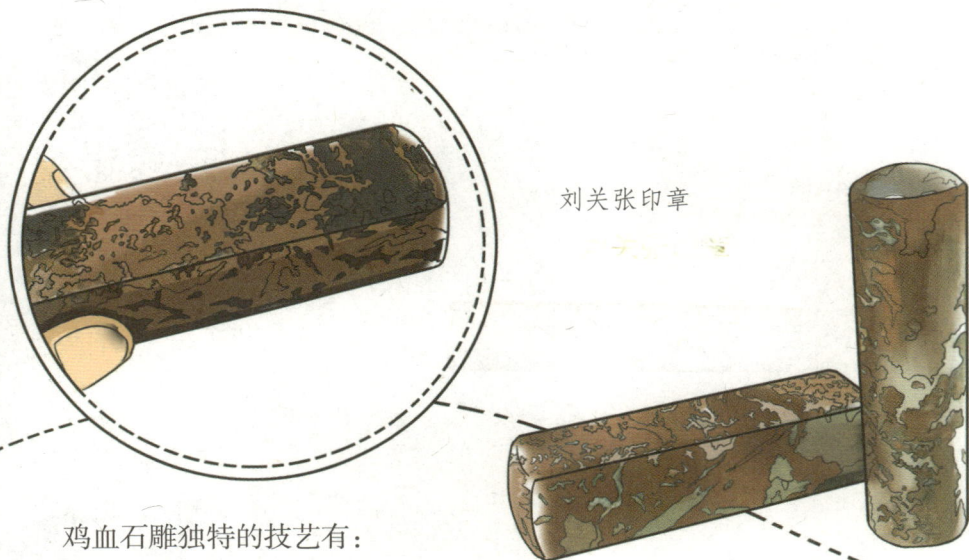

鸡血石雕独特的技艺有：

巧雕：依血取巧。

不完全雕：无须过度雕刻，凸显本身的血色。

反常规雕：打破常规束缚。

看漫画
领专属角色头像

跟着书本去旅行
在阅读中了解华夏文明

01

角色头像
把你喜欢的
角色头像带回家

02

阅读延伸
了解更多
有趣的知识

03

趣味视频
从趣味动画中
漫游中国

还有【阅读打卡】等你体验